Malbuch
Meerestiere

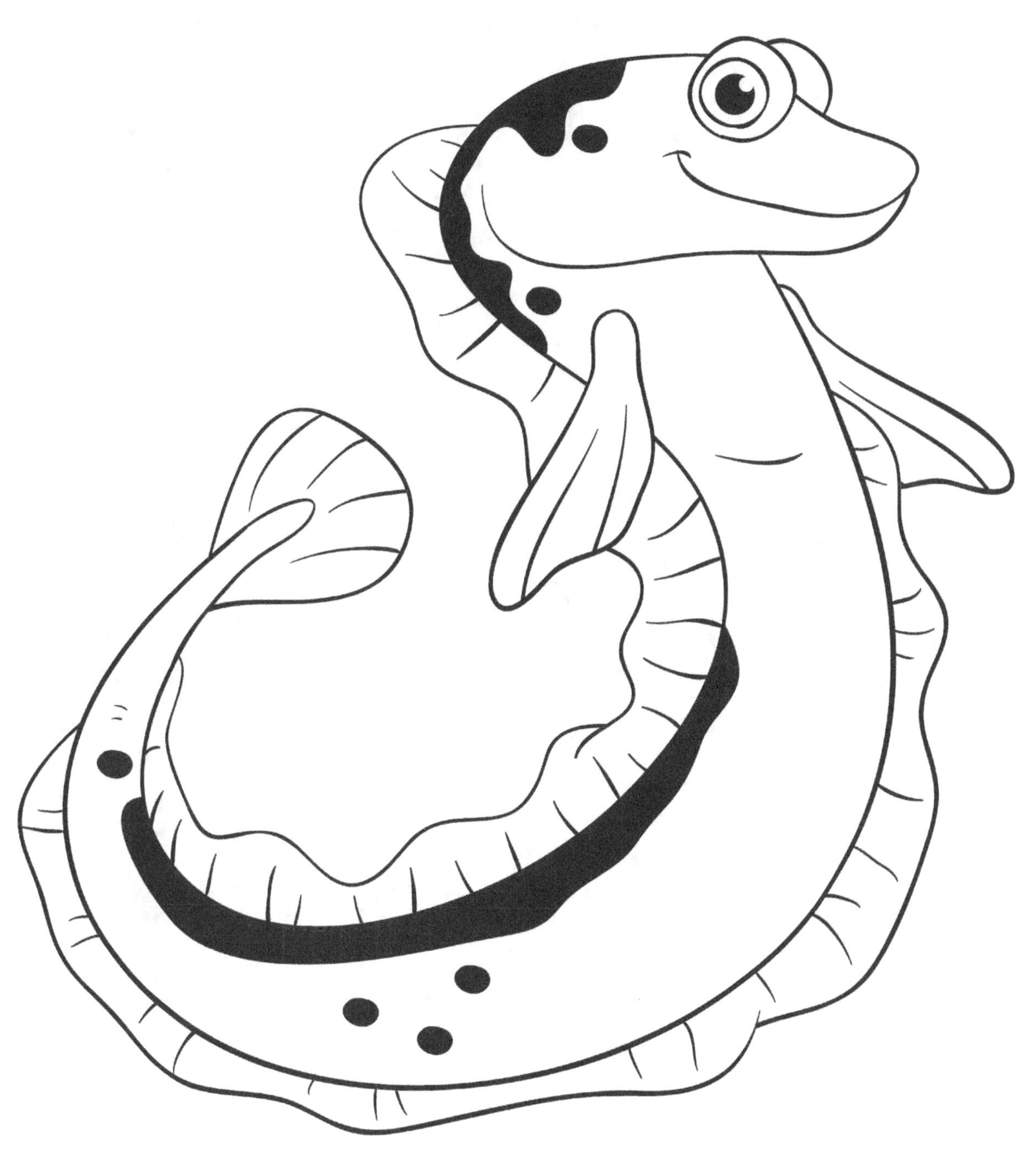

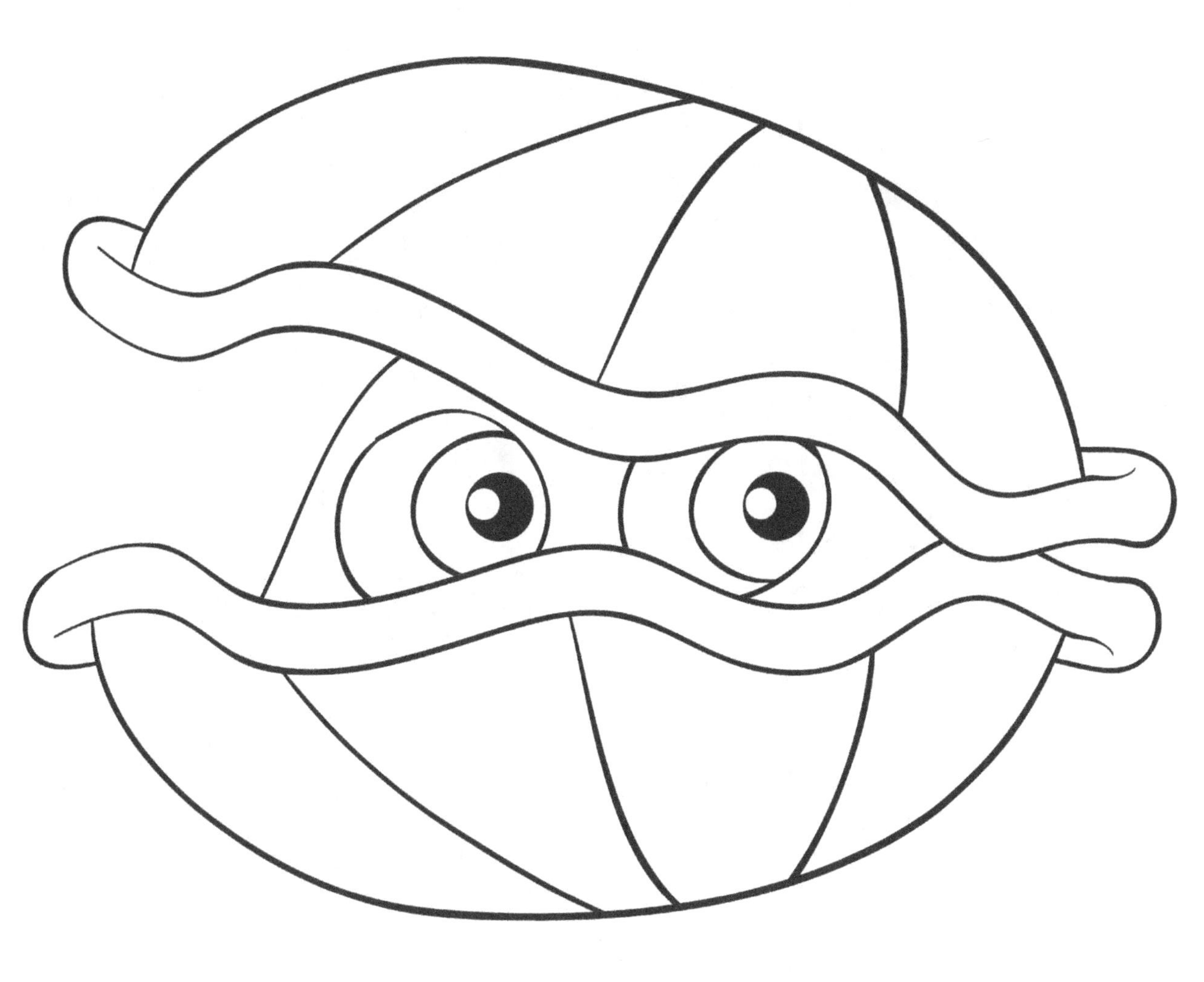

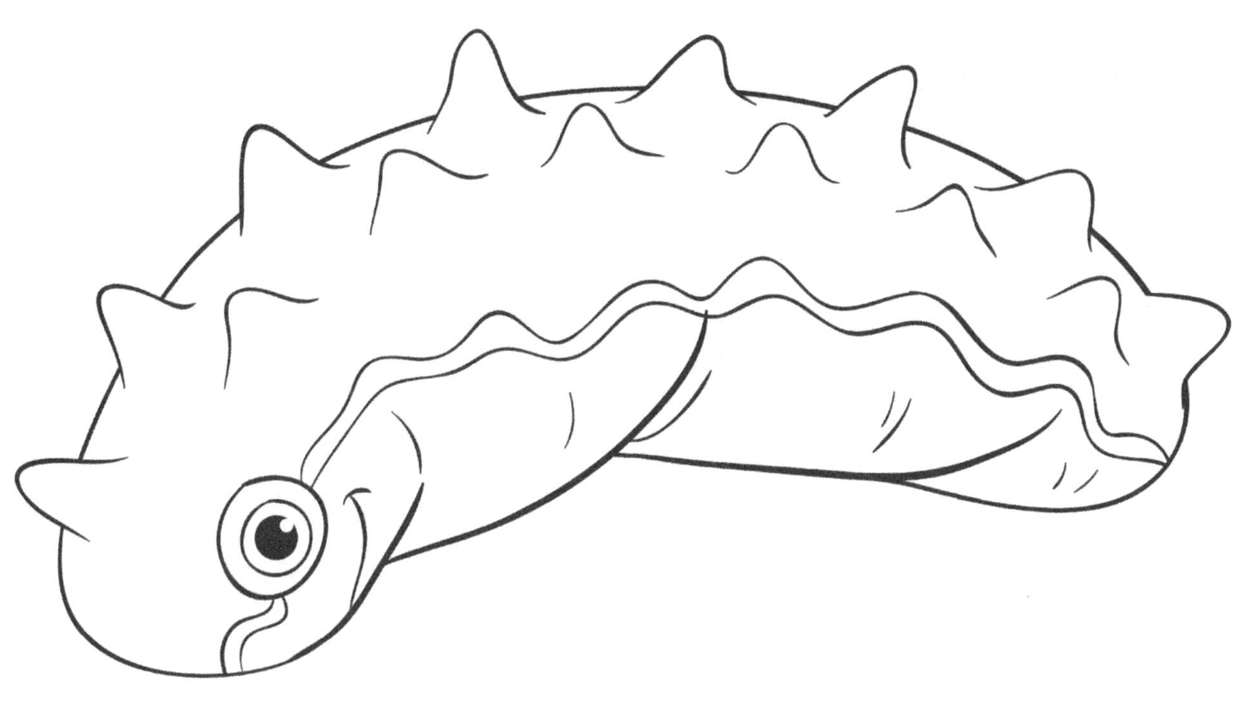

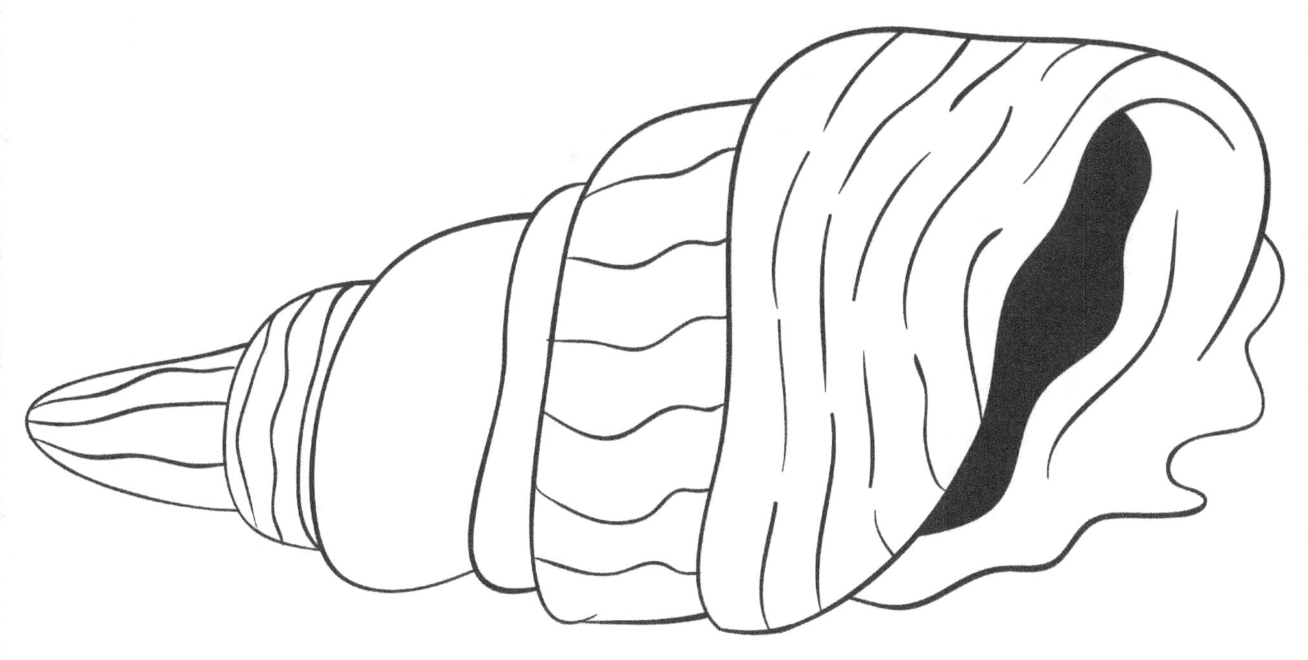

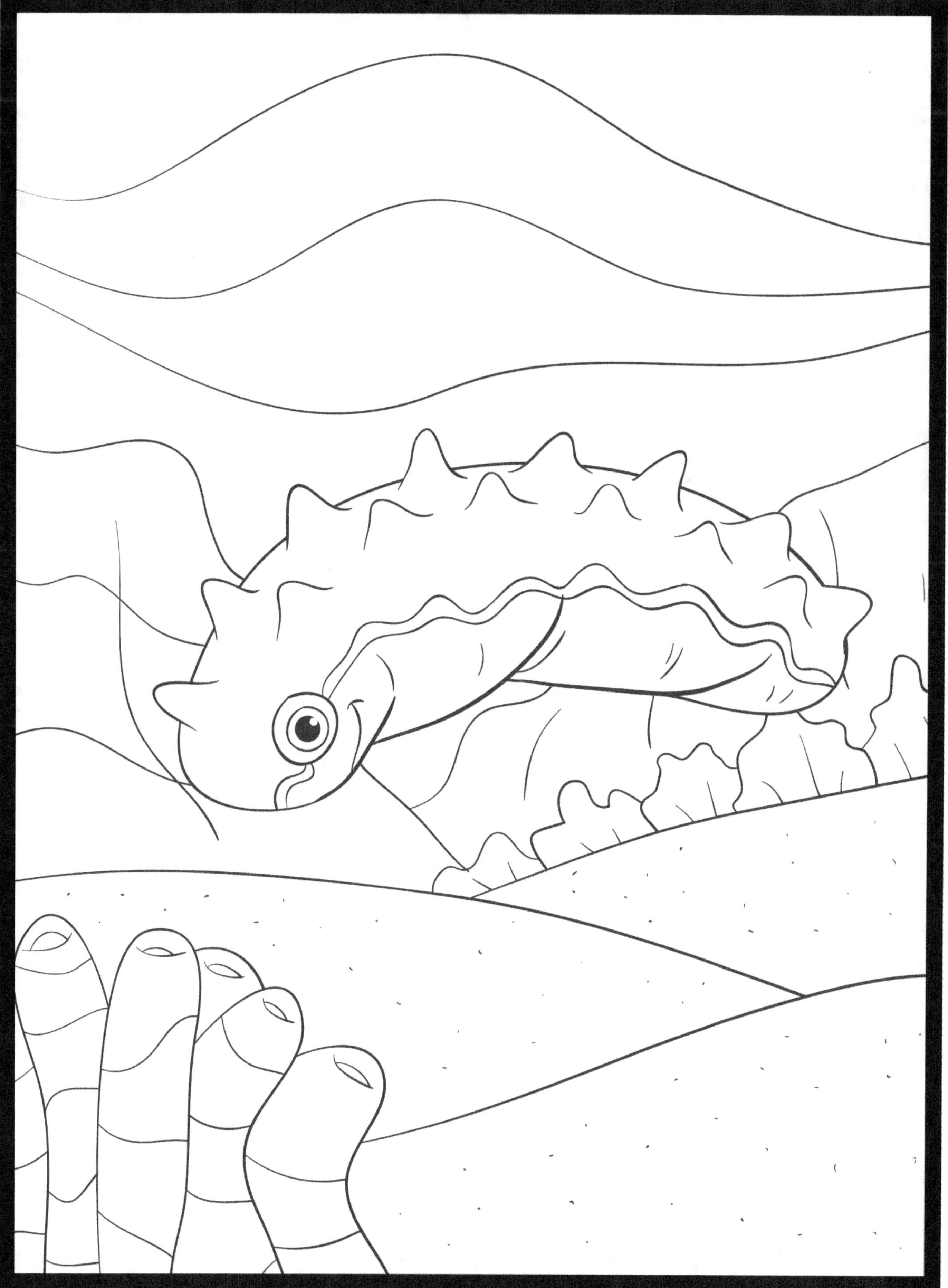